AF565146

VERO / Veronika Emendörfer

AUSFLÜGE INS HERZ

Liebeslyrik & Malerei

Vorwort von Walli Küssner

Vorwort

Zu Veros Werk „Ausflüge ins Herz“
Liebeslyrik & Malerei

William Shakespeare lässt zu Beginn in „Was ihr wollt“ (“Twelfth Night”), einer seiner schönsten Liebeskomödien, den verliebten Herzog Orsino sagen:

„Wenn die Musik der Liebe Nahrung ist, spielt weiter! Gebt mir volles Maß!“

Dieses berühmte Zitat, das die Musik und die Liebe in innige Beziehung setzt, möchten wir beim Lesen der vorliegenden Liebeslyrik der Malerin und Autorin Vero abwandeln in:

„Wenn Malerei der Liebe Nahrung ist, mal weiter! Gib uns volles Maß!“

Denn mit diesem Gedichtband ist in vollem Umfang die Kunst der Malerei eng verknüpft mit den vielfältigen Begegnungen und Erfahrungen durch die Liebe und ihrer Schöpferkraft:

Die Fülle der Farben und Formen in Veros Bildern, die aus ihrem malerischen Werk bekannt sind, evozieren und spiegeln die gleiche Fülle an Farben und Formen in der poetischen Sprache, in den Bildern ihrer Gedichte.

Von den verschiedenen Phasen der Liebe erzählt die Sammlung dieser Lyrik: Vom ersten Zauber des Anfangs zur freudigen Erwartung über genussvolle Emotion und Leidenschaft bis hin zu Kummer und Verlust, um dann einzumünden in die Liebe der Tiefe, die unvergängliche „Indigo-Liebe“.

Die Liebe, die eine Himmelsmacht ist, wird auf dem irdischen Plan erlebt, vom ganzen Menschen, auf allen Stufen des Daseins:
Auf seiner körperlichen, seiner seelischen und seiner geistigen Ebene; und dies immer inspiriert und verbunden mit dem Denken, dem Fühlen und dem Handeln – davon sprechen Veros Gedichte, ihre „Hommage an die Liebe“!

Ein zweites bekanntes Zitat über die Kraft der Liebe, die für menschliches Leben von fundamentaler Bedeutung ist, findet sich am Schluss eines Songs, einem der Meisterwerke der „Beatles“, in der erkenntnisreichen und wahren Zeile: “Love, love, love, love is all you need!“

Walli Küssner

Einleitung

„Ausflüge ins Herz“
Liebeslyrik & Malerei

Als Hommage an die Liebe sind meine Gedichte und Bilder in diesem Buch erlebt, gefühlt und gedacht.

Zu den einzelnen Kapiteln:

„Verzaubert“
Jeder Mensch braucht Liebe in allen denkbaren Formen. Wenn ich mich von Kopf bis Fuß verliebe, bin ich wie „verzaubert“.
Die Liebe begleitet mich durch den Tag und in die Nacht. Ich bin inspiriert und kann meine Gefühle beim Malen und Schreiben ins Bild bringen.

„Liebe in Erwartung“
Hier ist die Liebesbeziehung noch offen – ich weiß nicht, in welche Richtung sich alles entwickeln wird. Festigt sich die Liebe, stagniert sie oder verflüchtigt sie sich sogar? Aber die Liebe ist um mich herum, nur noch nicht zentriert. Ich bin in meinen Wünschen noch nicht festgelegt, schaue in den Liebesprozess, erforsche und lote Möglichkeiten aus.

„Emotion und Leidenschaft“
Beide sind ambivalent wie das Leben selbst. Auf der einen Seite Liebe als dionysische Form zwischen zwei Körpern im Rhythmus der Tiefe und Wärme, und auf der anderen Seite die Bewusstwerdung

über Sinn und Weiterentwicklung durch die apollinische Kraft.

„Liebeskummer".
Liebeskummer entsteht häufig durch den Verlust oder die Trennung von einer geliebten Person oder eine nicht erwiderte Liebe. Als Folge können Trauer, Verzweiflung, aber auch Eifersucht, Kontrollwahn, Besitzdenken und ähnliche Symptome auftreten.

„Trauer und Verlust"
Wenn wir eine große Liebe verlieren, ist dies ein noch viel schmerzlicher und endgültiger Verlust. Oft sind eine langanhaltende Melancholie und Trauer bis hin zur Depression die Folgen.

„Indigo-Liebe"
„Indigo-Liebe" ist für mich die Liebe der Tiefe – von Anfang an vertraut sieht diese Liebe über das Zeitliche hinaus: Das Band, das uns verbindet, Geschichten neu erfindet, reicht tief in andere Leben fern zurück."

VERO / Veronika Emendörfer

Inhaltsverzeichnis

Verzaubert

Liebe in Erwartung

Emotion und Leidenschaft

Liebeskummer

Indigo-Liebe

Verzaubert

BIS IN DEN MITTELPUNKT

Alles hellt sich auf
im Blick, den wir teilen –
vereint im Unaussprechlichen.
Verweilen wir in dieser Wärme,
stehen zusammen!
Auch Talfahrten
trüben uns nicht ein.
Aufgeschlossen sein,
in der Tiefe, die uns trägt
bis in den Mittelpunkt
des Leuchtens.

WOLKENBETT

Die Weite der Meere
zieht alles auseinander,
stimmt uns bläulich ein.
Verwoben im endlosen Glück,
nur die Liebe lebt,
alles andere wird sich schicken.
Alle Zweifel zerstreuen sich,
wir befinden uns
in reinster Gegenwart.
Liebeskunst ist wie eine Küste –
wir steigen in ein Boot und fahren hinaus
bis ins Wolkenbett des Mondes.

WÄRME-MOMENT

Allein der Gedanke an dich
verzaubert mich.
Mitten am Tag
bescheinst du mich
mit deiner Seelensonne.
Dann verharre ich
für Sekunden
in diesem Wonnelicht.
Unsichtbar verknüpft
spür ich nur dich.
Unsere Liebe brennt –
Wärme-Moment.

ANZIEHUNG DES MONDES

Du faunschöner Mann –
Tiefen der Empfindsamkeit
lockt dein Mond
aus meiner Mitte.
Dionysos nennt dich
nach seinem Namen,
sommergrüne Räume
rahmen dein Bild
bis in den Herbst hinein.
Stimmen der Natur
flüstern zwischen
Wein und Reben:
Nicht nur streben –
du sollst leben!

DEIN LÄCHELN

Du hast mir das Licht
deines Lächelns geschenkt,
strahlend schön aus
der Sonnenseite der Seele.
Goldener Augenblick
unserer Verbindung:
Überirdisch schwebend
leuchtet nah und fern
unter der Netzhaut
ein Stern.

AUSFLÜGE INS HERZ

Mein Körper wird zum Klang,
streichst du mit deinen Händen
gleich einem Bogen
übers Saiteninstrument.
In verschwenderischer Fülle
erklingt ein Farbenspiel,
alles öffnet sich zum Rausch –
im Herzen der Gewissheit leben.

BEGLÜCKT

Wonne weilt in Wellen –
nah an deiner Poesie,
spür durch dich
den Genius lieben,
Flügel wachsen mir durch ihn.
Schau mir in die Seele:
Geist und Gestus streben,
tief gefühltes Innenleben.

BILDERBÖGEN

In deinen Augen
spiegelt sich die Sonne,
der Glanz in deinem Lachen
zaubert Regenbögen
in mein Herz.
Sehe lichte Farben
von Dunkel umgeben,
banne sie auf Bilderbögen.
Zu meiner Freude
vibriert der neue Ton –
spontane Komposition.

DAZWISCHEN

Noch unsichtbar ruht der Ton,
Verbindung aus Wärme und Inspriration,
der dich und mich verknüpft
zu innerem Werden.
Form und Farbe in neuem Klang:
Dazwischen find ich mich,
noch nicht entschieden –
Sohn oder Geliebter?
Irgendwo dazwischen
flammt dein Bild,
rötlich gesteigert,
in der Mitte
meines Herzens.

ENTRÜCKT

Von der übrigen Welt entrückt
schmieg ich mich dicht an dich,
bette meinen Kopf an deiner Brust.
Wir wachsen zusammen
zu einem Baum,
bis du dich weit verzweigst in mir.
Nimm mich mit auf deinen Wipfel,
Blüten trinken wir im Wind.

DIE FÜLLE

In die Wärme hineingestalten,
Lust modelliert meine Lyrik.
Du brennst so rot
auf meinem Mund,
als sei im Herbst
der Frühling ausgebrochen –
und Farben schreiben allein
in die Fülle der Liebe ein.

HERZENSANGELEGENHEIT

Mein Feuer brennt rot,
im Rausch verzehrt sich mein Ich
zu lodernder Liebe.
Durchdringe mich, mein Du,
zu einem hohen Herzen.
Schließ mich auf,
Zenit meiner Wonne,
im Rund deiner Sonne!

HÖHENFLUG

Bin fasziniert von deinen Formen,
wie Alabaster schimmert die Haut,
möchte jeden Muskel einzeln spüren,
vibriere, als hätte ich den Höhenflug gestemmt,
falle weich in deine warmen Hände –
kein Anfang und kein Ende.

INNIGKEIT

Bade im Blau deiner Augen,
sehnsuchtsvoller Blick
auf deinen Gang.
Möchte mit dir schwingen,
Spannungsfäden ziehen,
umgarnen, knüpfen
den kostbaren Kokon –
Herzen schwerelos befreit,
Innigkeit.

KLAVIATUR

Du beherrschst komplett die Klaviatur,
die hohen und die tiefen Töne –
ich steige auf und gehe nieder.
Schwebender Flügel,
Bassklänge vibrieren,
Spannungsbögen im Bauch.
Feurige Passagen
im Farbkreis der Gefühle –
Abendkühle.

LAVA-AUGEN

Lustwandele unter Palmen,
südliche Sonne bräunt
mein Wintergesicht.
Wellenrauschen im Ohr –
schwarzer Sand kontrastiert,
schneeweiße Giebel im Licht.
Inselgefühl umspült,
mitten im Atlantik,
Berge im Meer.
Lava-Augen lassen
mich spüren
den feuerroten Klang –
nicht nur im
Sonnenuntergang.

MARS

Dein Himmelblau hat mich bereits erobert,
rot wie dein Haar flackern die Gefühle.
Marmorfarben spannt sich deine Haut,
plastisch zeigen sich Muskeln und Sehnen,
als hätte Michelangelo an dir geformt.
Du kämpfst um mich mit deinen
schulterlangen Locken –
lass mich für Augenblicke
deine Venus sein.

MOND MEINER MUSE

Mein Ego verschattet,
komme mit dir ans Licht,
Wonne im Überfluss.
Nie endenwollender Traum
im Bett ausgebreiteter Wärme.
Herzen überlagern,
gesteigertes Rot,
feuriger Mond.
Sternenkissen, weißes Kleid,
Schlummer der Glückseligkeit.

SO NAH

So nah
im Zenit der Gedanken,
umarmt im innigen Gefühl.
Inspiration aus höchster Sonnenkraft –
im Alltag so fern jeder Leidenschaft.
Dein Flügelschlag weckt ungeahnte Kräfte,
unabhängig durchdrungen,
geistentsprungen.

STERNSTUNDEN

Schickt uns der Himmel wieder Sterne –
silbrig breitet sich der Mond.
Zeit für innige Momente,
berührt von einem Sehnen,
verschmelzen Tag und Nacht
Zerreißprobe zerrt noch
an den Nerven,
große Bilder angefacht,
Sternstundenlang bin ich dein –
Küsse zwischen Traum und Sein.

TRAUMFÄNGER

Mit Mondmurmeln spielen,
traumschöner Mars,
respektiere meine Herkunft,
der Muttermacht.
Merkmale seltsamer Genesen,
Romanfiguren, einst gelesen –
verzückte Passagen,
Paarung im Schlaf,
konkav.

ÜBERIRDISCH

Wenn Liebe inwendig brennt,
Erfüllung schwebt enthemmt
über uns beide hinaus,
findest du mich oben,
im Himmel unserer Sterne,
in der Nähe, in der Ferne.

UNSTERBLICH

Wir wollen die Strophen nur summen,
Umarmung vibriert im rhythmischen Reim.
Du bist so melancholisch schön, mein Geliebter,
rot pocht der Mond in blauen Adern.
Wir sind unsterblich in nächtlicher Sicht,
verzaubert im Abendgedicht.

VERORTET

Lege meine Hand
auf den Grund,
geerdet im irdenen Gefäß,
das du erschaffen.
Verortet im Band,
das verbindet.
Tägliche Wunder wandern
weit hinaus ins schaffende Wirken.
Reise der
Selbstvergessenheit?

IDEELLE LIEBE

Liebe ist ein herrlicher Impuls,
wenn Herz und Kopf
gemeinsame Sache machen.
Überwiegt das Begehren,
verstummt der Verstand,
das brennende Herz sieht rot.
In weitaus helleren Farben
zeigt sich ursprüngliche Reinheit
statt Leidenschaft –
im Rosa der Liebeskraft.

Liebe in Erwartung

ROTE MOMENTE

Liebe in Erwartung,
das Leben ist so prall.
Über den Tag hinaus
schenkst du mir
Kraft zum Wachsen.
Schreibe Lyrik in dein
großes Herz,
du malst mit Rot
in meine Mitte –
Ich brenne!

ANZIEHUNG

Magischer Magnet,
Anziehung der Geschlechter –
kann ich noch ich selber sein
oder bin ich schon ein Teil von dir?
Muskeltraining der Seele.
Spannung ist das Spiel,
im Takt um ein Gefühl,
dass du mit mir
zusammenschwingst.

DU RÖMISCHE GESTALT

Wohne im Himmelblau,
wenn ich in deine Augen schau.
Der Blick ist so klar,
rot wie mein Haus ist dein Haar,
die Haut so glatt wie Basalt,
du römische Gestalt.

ENTSCHLEUNIGUNG

Du brauchst Zeit –
unsere Liebe darf
wachsen, reifen,
und ich muss begreifen,
dass Du mich
umgestalten wirst.
Erst schwillt der Strom,
gewaltige Seelenerosion
schnitzt an neuen Gravuren.
Schon fühl ich sanfte Spuren
in meinem Werden
sich vollziehen.

HOROSKOP

Es schimmert rötlich
zwischen deinen Locken,
als hätte Mars persönlich sie gefärbt.
Herrscht deine Sonne hoch
in diesem Zeichen?
Mein Mond stünde fühlend neben ihr.

ADONIS

Noch bist du nicht entzaubert,
mein Adonis.
Lebe in der Einheit,
diesem unbeschreiblichen Gefühl,
mit dir zu fliegen.
Noch hat dein Intellekt
mein Gefühl nicht verletzt,
Kränkungen das Herz nicht berührt –
bin nicht geschieden vom
Land der Hesperiden.

MEIN PRINZ

Ich treibe auf den Wellen
meiner Wünsche,
im Ozean der Gefühle.
Noch ist kein Schiff in Sicht,
zu bergen dich und mich.
Mein Prinz braucht
einen Stern zum Wohnen,
zu schenken mir die Kraft,
zu lieben dauerhaft.

LIEBESGEDICHT

Kein bisschen welk,
schwarz-weiß taste ich mich
durch den Winter,
wandle bis zum Gelb,
da ist die Sonne zu Gast.
Im Zeichen Löwe bist Du geboren,
all meine Gedanken zusammengeschmolzen
lodern im Gedicht.
Ich komme näher an dich heran,
du Bild von einem Mann.

GOLDVERTONT

Zwei Sterne in Konjunktion,
Schicksal oder Suche
nach Sonnensymbiose?
Goldvertontes Lied
in nachtblauer Nähe
befeuert Akkorde.
Archaische Spannung,
Zinnober zielt
auf unsere Mitte.
Machst du
die ersten Schritte,
dass unsere Liebe
sich vollzieht?

MEIN ROTES HAUS

Ich brenne für dich
im roten Haus,
im Zimmer meiner Zärtlichkeit.
Auch Lust braucht einen Rahmen
im Bett der Leidenschaft.
Du meinst, ich muss
Regeln beachten,
nur nach Lehrbuch
dürfen wir uns lieben –
im Himmel meiner Träume
sind die nicht eingeschrieben!

MITTEN IM STROM

Mitten im Strom
baut mir dein Arm
ein Boot –
geborgen in
wirbelnden Wellen
stillt sich die Sehnsucht
am Wasser des Werdens.

MUSKELSPIEL

Du hast mich überrascht,
einen Blick von mir erhascht.
Ich sehne mich nach deinem Mund,
der macht sich durch Schlauheit kund.
Dein Anblick wird mir nicht zu viel,
betrachte gern dein Muskelspiel.

PROLOGE DER LIEBE

Farbenprächtig schillern Gemälde,
rahmen mein volles Herz.
Fühle, wie du da draußen,
immer mehr zu einem Teil
meines Innern wirst.
Möchte mit dir
Elegien lesen,
in diesen Versen verschwimmen,
im Nichts verlaufende Treppen erklimmen.

NEUFASSUNG

Neufassung der Gefühle,
wir sind geschnitzt aus einem Holz,
Skulpturen noch –
der Liebe fehlt das Leben.
Komm in mein Land,
leuchte aus,
die Hauptstadt meines Herzens.
Finde Schätze
im außergewöhnlichen Erleben,
mit dir ins All entschweben.

ROTER KREIS

Im Samt
deiner Berührung –
gelöste Sinnlichkeit
fließt in mir
zu Lichtspielen
in Weiß –
roter Kreis.

VERBUNDENHEIT

Wachsende Gefühle,
innere Weite,
mein Wissen
um Verbundenheit.
Du stellst
mein Leben auf den Kopf,
lässt mich um die Erde kreisen,
Liebe strömt – muss sich nicht beweisen.

STURM ODER HAFEN

Angst vor bürgerlicher Bindung:
Er ist mein Sturm auf hoher See
und du mein sicherer Hafen.
In Widersprüchen verstrickt,
ausweglos scheint die Entscheidung.
Sturm oder Hafen vor der Tür?
Es ist der Sturm, ich hab es im Gespür!

ÜBERGÄNGE

Wellen schlagen auf den Sand.
Verspüre den Drang,
etwas für dich zu notieren.
Ich probe die Sätze,
meine Liebe hat von dir
ein Bild entworfen,
doch vieles bleibt
unentdeckt in uns.

AIJO

Kurz,
durchsichtig,
Amarillo
ist mein Kimono
für Aijo
in Tokio …
O!

ANFANG UND ENDE

Energisch aufgeladenes Gefühl,
zinnobergesetzt zwischen dir und mir,
rot färbt sich dein Gesicht im Glauben,
ich brauch dich nicht – das stimmt so nicht.
Unsere Verbindung ist höchste Inspiration,
ohne dich malt das Leben monochrom.

Emotion und Leidenschaft

UNFASSBAR

Unfassbar diese Liebe,
sie führt uns hinaus
über Ränder des Mondes –
kosmisches Sternenmeer.
Du bist so nah an mir
und ich an dir,
verschmelzen wir
zu einer Kraft,
die uns berührt,
bis unter die Haut –
dir ins Herz geschaut.

MEIN DIONYSOS

Bis an den Rand der Sehnsucht,
Durst nach dir, Geliebter,
führst den Becher bis zum Mund.
Verschmelze mit dir, meine Julisonne.
Du überirdische Macht, die bindet –
Ob mich noch die Freiheit findet?

FORMLOSE ZEIT

Der Augenkontakt bleibt brüchig –
fühle deine Leidenschaft in mir,
Spannung schiebt sich
rhythmisch nach oben –
Du kommst – und lächelst.
Schweigend umarmst du mich
im Rosa des Vertrauens,
Wärme wandelt sich sanft
in wortlose Intensität,
eingeschmolzen in formloser Zeit,
Zauber der Verbundenheit.

ENTHEMMT

Emotionsgewitter,
inneres Zittern,
Wärme greift nach uns,
in der Begegnung
kocht die Haut,
raumgreifende Röte.
Ich bin vergeben,
du bist vergeben,
wir sind vergeben
für den Moment –
enthemmt.

AMOR

Mein Meer ist erhitzt
von der Wucht deiner Wärme,
du griechische Gestalt.
Im Wettkampf fühlst du dich
bereits als Sieger.
Amor hat längst seine Pfeile gespitzt,
zu treffen dich und mich.
Vergolde den Olymp meiner Worte,
es pocht so heftig in meinem Herzen,
es wogt gewaltig
in den Wellen meiner Phantasie.
Wo bleibt die Rezeptur,
den Zauber zu besiegen,
wie hoch muss ich
noch fliegen?

BLAUER BLICK

Dein blauer Blick ist so frei,
als könntest du im Himmel baden.
Ewiges Meer der Sehnsucht,
deine Schaumkronen haben
meine Seele umspielt,
bin hypnotisiert
vom Weiß deiner Magie.
Du heilst ohne Worte,
mein Wasser wird zum Strom,
nimmt Kurs auf deinen Hafen.

MONDGELIEBTER

Durch spiegelnde Scheiben
schau ich dich im Umkreis
zarter Farben.
Unsere Sehnsucht blüht,
Dionysos, geliebter Garten. –
Gold schüttest du in meinen Grund.
Schimmernde Gebilde gipfeln
im Brennpunkt überm Horizont.
Ich meine dich und mich,
du Mondgeliebter.
Wir steigen auf
mit ungeahnten Schätzen,
verschmelzen fern
zu einem Stern.

MEIN SOFA

Mein blaues Sofa
im Atelier –
du warst der Mann,
den ich verführen wollte.
Höre ich noch heute
deine Schritte,
Aufregung signalisiert
meine Mitte,
es prickelt so rot
unter weißer Haut.
Farben und Bilder,
stumme Zeugen
unserer Zärtlichkeit.
Nur du und ich
waren eingeweiht.
Im Rund meines Rosas
konntest du
Leidenschaft spüren,
Körper und Seele
im Rausch berühren.

ERWACHT

Du berührst mein Herz,
beflügelst die Phantasie
im strömenden Erfassen.
Lebendig verbunden
in lichter Lust.
Gleich Scheinwerfern
leuchten Augen
um Mitternacht –
unsterblich
neben dir erwacht.

EKSTASE

Du eruptiver Vulkan,
Kräfte wogen in mir,
archaischer Rhythmus befeuert.
Aus tiefen Wassern steigen auf
Inseln der Leidenschaft.
Bäume verzweigen sich.
Berauscht vom Duft der Blüten
windest du Rosen um geheime Wünsche.
Eros formt gesteigerte Triebe –
ekstatische Liebe.

BEGEHREN

Nächtliches Begehren –
Anziehung schlägt um in Leidenschaft.
Willst du das Mahl vor dem Trank verzehren?
Fühle dich ganz nah bei mir,
Wärme schließt uns auf –
– verschenke mich an dich,
zu höherem Fühlen.
Zeit ereilt uns,
Sehnsucht schmerzt sich aus,
Liebe zurück im kosmischen Haus.

IM TUNNEL

Geküsst von
blitzenden Saphiren,
Eroberungswille stürmt
im Indigo-Blick.
Sekundenlang fixiert
lächelt ein Stern
auf meiner Stirn
im Tunnel der Gefühle.

DIR ANS HERZ GETRAGEN

Trau dich, mich zu fragen!
Du bist so stolz und so sensibel,
mein Schütze.
Bis ins Mark trifft dein Pfeil
ins offene Herz.
Trau dich, mich zu fragen!
Deine Wünsche sind leidenschaftlich,
offensichtlich gehemmt,
wir beide spüren,
wie es inwendig brennt.
Roter Zorn unter weißer Haut,
wie eine Braut wär ich dir ergeben.
Trau dich, mich zu fragen!
In all den Tagen
spannungsgeladen, hochelektrisiert –
ich wünschte, du hättest uns riskiert.

ÜBERBRÜCKUNG

Deine Küsse ruhen so fest
auf meinem Mund.
In seidiger Empfindsamkeit
spür ich im Augenblick
nur dich und mich.
Öffnen sich die Lippen
zum Zungenspiel,
verschlungen im Schmelz
der Überbrückung –
Verzückung!

TANGO DER NACHT

Im Tango
der Nacht
tauschen wir
tiefe Küsse,
tanzen ins Alpha
silberner Träume,
erwachen vertraut
in täglichem Treiben.

PRÄCHTIGER PRINZ

Mein Bett wird zur Burg,
prächtiger Prinz.
Wiege dich ins Purpur
gefügter Gefühle,
stürme mit dir zum Zenit.
Vergoldetes Glück!

PLUTONIUM

Plutonium pocht
in deinen Adern,
berührt von deinen Händen
strafft sich Haar und Haut.
Ich trinke deine stumme Stimme,
ganz oben fängt dein Lied mich auf.

QUADRAT DER NACHT

Im Quadrat der Nacht setzt du
Winkel und Wände.
Wir bauen unserer Sehnsucht
ein Haus mit Fenstern und Gauben,
und auch der Samen geht auf
im Garten meiner Lust.

NUR SEX?

Bis in meinen Körper
trägst du deine Triebe,
Tiefenstöße steigern
den Seelenklang.
Lass uns kämpfen,
feurig berühren,
Schweißperlen auf der Stirn.
Erst hoch oben geben wir uns auf,
schwerelos in Licht und Wonne schweben,
so nah – und gleich so fern –
sammeln wir uns im eigenen Gehäuse
Bleibst du? Bin ich dein! –
Kontrolle, Eifersucht, Besitzdenken
würden uns erfassen –
Freiheit heißt Loslassen.

WELTENWECHSLER

Immer wieder
der elektrische Schlag,
wenn ich neben dir erwache.
Die Stimmung dieser Nacht
geht durchs Herz und alle Nerven.
Sie zu genießen, das Eine,
es auszuhalten, ein Anderes!
Weltenwechsler spüren
den sündigen Reiz –
deiner- und meinerseits.

NACKT

Entblößte Gefühle:
Über den Weg des Körpers
deine Tiefen tasten.
Enthüllungen berühren,
Befindlichkeiten schüren,
Schwärmereien, Melancholien
schreiben ein
ins Psychogramm der Paarung.
Im Akt bleibt unsere Seele nackt.

EIN LEBEN LANG

Und immer wieder
glitzert das Meer
so blau in deinen Augen.
Brandung braust.
Es zischt zwischen
dir und mir.
Mediterrane Lichtspiele,
lustvoll, homöopathisch dosiert,
ein Leben lang liiert.

Liebeskummer

LIEBESKUMMER

Fäden verhakt, Knäuel der Gefühle,
verfangen im Labyrinth.
Feinmaschiges Netz,
Sehnsucht uferlosen Treibens.
Ozeantiefen loten aus
mein Herz im Schlepptau der Schiffe.
Weh und wund,
wasserdurchtränkter Seelenbaum –
genieße deine Früchte nur im Traum.

EIFERSUCHT

Flammende Röte im Gesicht.
Wer ist sie, die ich noch nicht kenne?
Kummer befällt meinen Kopf –
du sagst nichts –
Ich hör die Wände reden,
dreh mich im Kreis,
im Käfig der Verdrossenheit.
Liebst du wirklich eine andere –
Ist sie schöner, klüger, besser?
Ausgeflogen ist dein Herz,
weite Wege weg von mir.
Langsam ordnet sich die Wirrung,
Gefühlsknoten lösen sich
zum Glück,
blüh auf in neuen Farben,
die Liebe hol ich
mir zurück.

HERZKAMMERN

Seh durch eine rosa Brille –
nur im Indigo gleicht Rosa sich aus.
Nachtblaue Tiefe,
deine Sterne funkeln heller,
Herzkammern verwalten die Wärme.
Wir sind füreinander bestimmt –
bis der Tag den Wahn von uns nimmt.

GEDANKEN ROT GRUNDIERT

Verzweifelt schön ist der Jubel,
im Augenblick gebannt,
fühle deine Hand beschützend.
Wunsch nach fester Bindung,
unfähig sie zu ertragen,
heimatbedürftig, freiheitssüchtig
gleichermaßen.
Was bleibt: Gedanken rot grundiert,
kolorierte Sehnsucht nach dir.

GEFÜHLSSTRUDEL

Hoher Wellengang
zwischen dir und mir,
Ängste vor Gefühlsstrudeln,
abgrundtiefes Dunkel,
wo bleibt das Licht?
Erloschen für Sekunden
zeigt es mir Seelenwunden,
ich blute blau.
Gelb würde mich retten,
rot mich betten,
grün mich glätten,
lass uns Farbenfrüchte kosten!

VERZICHT

Misslich verflochten,
auch diesmal kommst du mir
nicht entgegen.
Nur der eigene Text
fügt sich in Formen.
Immer wieder
muss ich dich lassen.
Wer schreibt, lebt nicht,
wer lebt, schreibt nicht
in diesen Tagen.
Nur Gefühle schweben,
frei gelöst,
für dich entblößt.

STREIT

Ich bin gegangen
nach dem ersten Streit;
du bist gegangen
nach dem zweiten Streit.
Nach dem dritten Streit,
nicht übertrieben,
sind wir beide
weggeblieben.

RARITÄT

Du lässt mich zappeln,
ich lass dich zappeln,
zappeln wir im Duett,
Gedanken an ein
leeres Bett.

PLUTO VENUS

Lieben und loslassen darf ich lernen,
Lektionen ungelebter Leidenschaft.
Liebeslektüre schreibt das Leben in die Luft.
Schwere Gewichte in die Leichte stemmen,
spielerisch speisen deine karge Kost.
Ungedeckt bleibt der Tisch,
bis ich mich entscheide
fürs neue Porzellan.

MEIN MANN IM MOND HEISST MARS

Wer bist du wirklich,
der sich mir im Wort erschließt,
in all den Tagen und Nächten?
Glühende Sehnsucht
hast du in mir entfacht,
mein Mann im Mond heißt Mars!
Lange rote Locken lodern,
Feuerblitze schlagen ein,
deine athletischen
Formen faszinieren.
Nur dem Anblick halt ich Stand,
meinen Körper darfst
du nicht berühren,
diese Liebe verbrennt –
Gefühlsfragment.

MEIN ENGEL

Nur du weißt, wie sehr ich dich vermisse.
Die Stille zwischen uns ist viel zu groß!
Die Herzen wollen sich berühren, spüren, küssen,
nur ein Wort von dir lässt meine Liebe atmen,
mein Sehnen ist auch deins,
zusammen sind wir eins.

ZWISCHEN VERNICHTUNG UND ENTZÜCKEN

Suche nach
den Spitzen des Lebens,
darf ich dich berühren,
dionysischer Wagenlenker?
Zwischen Vernichtung und Entzücken
führt der Weg zu immer höheren Sphären.
Selbstzeugnis emotionaler Prozesse,
Risse im Vertrauten.
Grabenbrüche, Urteile,
gesellschaftliche Schmach,
Gefühle liegen brach.

SOHNGELIEBTER

Du füllst mein Herz bis an den Rand
mit farbigen Gefühlen,
bunten Schmetterlingen gleich
möchte die Seele bis zum Himmel fliegen.
Du bist fern von mir,
kann dich nicht sehen,
spüren, herzen,
hängt der Mond im Tal,
Liebe wird universal.

VERWIRRT?

Mitten im Mond
ruht unsere Umarmung,
fühle umfassende Wirklichkeit.
Mit dir in Konjunktion –
sprachlose Nähe
füllt mich restlos aus.
Schau dich ohne Worte,
geh auf deine Fragen nicht ein,
kenne schon die Antwort,
mündet in ein Nein.
Bin stumm und klar,
nicht verwirrt –
unbeirrt!

VERMISSE DICH

Trinke den Trank
des tiefen Lebens voll,
Sternbildstunden steigern
Sehnsucht zu dir.
Meine Seele kann nicht mehr
von deiner lassen.
Ob ich die Wüste der Entsagung
länger noch ertrage,
weiß ich nicht,
vermisse dich
jenseits aller Zuversicht.

WIE SO OFT

Wie so oft hab ich gehofft,
dein Bild verblasst
in meinem Fühlen.
Das Gegenteil ist der Fall,
dein Gesicht erscheint
in immer drängenderen Farben.
Liebe glättet Seelennarben!

TRAUMA NOTIERT

Liebesdistanz birgt
seltsame Reize,
stehe im Feuer
unerfüllter Leidenschaft.
Zügellose Bilder
bedrängen,
Gedankenrausch
verformter Fassungen.
Gefilmte Gefühle
reihen sich jenseits
bürgerlicher Bindung.
Nur dein Blick
wurzelt unter der Haut –
traumatief vertaut.

SCHMERZ

Meine Seele
rauschbereit, zersplittert.
Zieh mich zusammen,
Enge im Schneckenhaus.
Wo bist du, nah oder fern?
Spür dich nicht,
lieg nicht mehr auf der Lauer,
weder Lust noch Schauer.

SEELENWUNDEN

Du schlägst Wunden durch Worte.
Messerscharfer Schnitt spaltet,
zweigeteilt bin ich mir wesensfremd.
Ablenkung allein reicht nicht,
mein Stolz schmerzt, bin wütend,
Empfindlichkeit seufzt,
mein Seelenpflaster
kreiert die Kunst.
Male mit unseren Farben,
Schnittstellen, Brüche,
umkämpfte Formen,
bis Mars und Venus,
beweint, liebesvereint.

ZEITWEISE

Zweitweise bist du wie der Mann im Mond,
gefühlte dreihundertneunzigtausend Kilometer
von mir entfernt,
kein Laut, kein Gefühl erreicht dich dort.
Zeitweise bist du wie ein einsamer Fisch,
im Blau der Ozeane.
In der Tiefe mutiert dein Rot zu leuchtendem Weiß.
Ich schicke dir Gedankenfäden,
unendlich weich und verletzlich bist du,
nur das Dunkel der Nacht schützt dich gut.
Zeitweise bist du der Athlet mit trockenen Muskeln,
Strukturen beherrschen dich,
grenzt dich ab vom Lärm der Stadt,
nur die Stille hat Raum in deinem Herzen.

Trauer und Verlust

VERLASSEN

Nur ein Schlussstrich
auf dem Smartphone
hat unsere
Freundschaft weggeklickt.
Unfassbare Kränkung!
Gedankenräder rollen –
gefühlter Flächenbrand.
Mein Herz ohne
Zärtlichkeit verkommt.
Entfesselte Fluten weiten,
spülen mein Gehäuse,
voller Schätze schien der Mond.
Du hast mich ganz geöffnet,
weine in Wellen,
Tränen salzen die Haut,
Liebe verschmerzen,
leise, laut.

TRAUER

Ich habe deine Trauer gesehn,
das Schwarz war länger
als dein Schatten.
Du hast sie
in der Verkleidung
sichtbar gemacht,
eine dramatische Vorstellung.
Meine Ohnmacht,
deine Ohnmacht,
der Verzicht
auf unsere Liebe!
Warum sind wir nur so stolz
und stur gewesen?
Es war so überirdisch zart,
nah und warm mit dir.
Ich frage mich nach dem Warum.
Fehlte der Mut, mich noch
auf Abenteuer einzulassen,
oder waren wir füreinander
noch nicht reif?
Begegnet uns noch die zweite Chance?
Alte Familienmuster sind berührt,
haben Ängste geschürt.

WÄRMEVERLUST

Wie ein Liebesgedicht
leuchtet dein Gesicht
umrahmt von
rotblonden Locken.
Blickst in meine Ferne,
weit geöffnete Augensterne
verstaunen die Zeit. –
Werden und Vergehen,
was ist geschehen
mit unserer Wärme?
Eben erst entfacht,
erstickst du sie
im Keim –
insgeheim.

VERLORENE LIEBE

Fühle mit dir
im Text tiefer Trauer,
die verlorene Liebe.
Ist sie wirklich verloren
oder nur ins
Unsichtbare verschoben?
Vielleicht wartet sie insgeheim
auf dich und mich,
blüht auf im innigen Umarmen.
Schlüsselworte öffnen Türen,
schweben unbeirrt,
für dich riskiert.

AUSGEGRENZT

Durchwanderst Menschen
wie Landschaften.
Du gehst in mir unter
und tauchst wieder auf.
Tanzbereit ist mein Herz
zu feurigem Fühlen,
uns trennen nur Türen
im gleichen Raum –
Ausgrenzung spüren.
Liebesspuren verlaufen sich schnell.
Was hast du bewegt,
mir auferlegt?

BITTERSÜSS

Gedichte schmerzlicher Köstlichkeiten,
jeder Blick von dir bleibt folgenschwer.
Sorge mich um mein Seelenheil,
wären da nicht Farben, die Bilder formen,
Buchstaben, die sich an Worte heften.
Ich kreiere den neuen Ton –
Klangbilder und Text
bleiben mit dir vernetzt.

EISZEIT

Eiszeit zwischen dir und mir,
das tägliche Kleinklein
verformt die Nerven.
Langweile mich am immer gleichen Spiel,
trennen sich diesmal zwei Verlierer?
Wer hat schon die Kraft,
im Eisfach zu leben?
Angst vor Trennung, Einsamkeit erwacht. –
Emanzipationsprozesse bereits durchgemacht.

ERKALTETE EMOTION

Flächenbrand in
gefährlichen Farben zerstört.
Feuerfest schien diese Liebe,
Prozesse von Rot zu Schwarz.
Lodernde Emotionen über Nacht,
verlassenen Lavafeldern gleich.
Soweit das Auge reicht
erkaltete Naturen,
erstarrt zu schroffen
Mondskulpturen.

ES IST VORBEI!

Es ist vorbei,
lass die Liebe los,
rät der Verstand,
schau genau hin:
Wer mag dich wirklich?
Bin runtergekühlt, nicht erstarrt,
einsichtig, doch nicht restlos überzeugt.
Gelegentlich ziehen Wolkenbilder,
Träume durch mein Gefühl,
entzünden Flammen für den Moment,
umarme dich –
solang das Feuer brennt!

GEFÜHLE

Angst blickt mich an,
warum nur die Panik in deinen Augen, –
wer will dir deine Gefühle rauben?
Selbst wenn ich nachschlage
in den Ephemeriden –
Leidenschaften sind dort
nicht eingeschrieben!

KOPFKINO

Du kämpfst nie direkt:
indirekt setzt du Zeichen.
Warten wir gemeinsam auf ein Wunder?
Einschränkungen hemmen den Fluss der Gefühle.
Was machen wir nur mit der Sehnsucht,
unserem Lieben, –
ist alles nur in den Köpfen geblieben?

KRÄNKUNG

Gedanken schleifen Bahnen,
die Liebe reist durch
Haut und Herz.
Erlebtes in Gefühlen spricht. –
Augenblicke fest
in der Erinnerung halten!
Notiere die Nähe,
auch in der Ferne
lässt du mich nicht los –
Hässliche Worte
hast du ausgesprochen,
mich gekränkt,
rotweinertränkt.

LUFTSCHLÖSSER?

Poesie entspringt der Phantasie
durch deine Energie.
Konjunktion Uranus-Sonne berührt,
Inspiration zu Wort und Farbe führt.
Plötzlich unerwartete Impulse verletzen, –
– können unsere Wünsche nicht durchsetzen.
Dein Spielraum ist eng –
meiner weit.
Ich mache Fehler bei Schmalspurigkeit.
Dein Urteil malt schwarzweiß,
Gefühle auf Eis!

MEIN LAND

Dein Land, mein Strand,
wogende Wärme zwischen dir und mir,
das Sehnen nach Meer –
Stürme rollen aus,
mein Herz im Sand,
dein Strand, mein Land.

NACKTE NACHT

Mit weit geöffneten Augen –
Erlebtes im Panoramablick,
nackt in der Nacht.
Gewaltige Kräfte greifen
vergossener Tränen Trauer,
Leid langer Stunden – wach.
Körpernah verstrahlt,
Augenränder schwarz gemalt.

NAH IM NEBEL

Nebelwände zwischen
dir und mir –
ich weiß nichts
und spür doch alles von dir.
Dein Zorn
fährt mir in den Leib,
Leidenschaft hält
Wärme und Wonne bereit.
Nah im Nebel
muss ich dich lassen,
gewaltige Kräfte
könnten dich und mich
erfassen.

TRENNT TRAUER?

Trauer trennt tiefschwarz,
hüllt ein wie die dunkle Nacht.
Drückt auf bodenlose Brücken,
versiegelt bunte Lebenslust.
Trauern um die Toten hat seine Stunden,
trauern um die Freundschaft hat seine Zeit.
Bist du wieder entschmerzt,
komm in mein rotes Haus –
die Liebe ist uns schon voraus.

VERLUST

Fragen über Fragen häufen sich,
auf Antworten über Antworten warte ich.
Schnittstellen binden,
nur scheinbar trennen blaue Berge.
Einsamkeit verzehrt sich schwarzweiß,
Gefühle in Farbdistanz.
Mir ist schmerzlich bewusst:
Dein und mein Liebesverlust.

VERLUSTÄNGSTE

Will ich
das Wesen der Angst
als Spirale denken,
Enge spüren im
graphischen Punkt,
bleiben noch Atemräume.
Werd ich gepresst,
seiner Liebe enthoben,
oder weiten Kräfte
mein Selbst nach oben?

WAND AUS WASSER

Eine Wand aus Wasser
trennt dich von mir,
der Druck ist so groß, –
Wellen schlagen
über uns zusammen.
Gefühle sind machtvoll,
Herzen tief berührt –
ich lass dich los,
doch dein Bild kommt zurück,
fordert die Form eines Rahmens.
Könnten wir uns nur begegnen, –
Mauern einebnen.

WARUM?

Meine Liebe ist verortet
in deinem stillen Leben.
Stunden ruhelosen Sehnens,
mein Selbst im Herzschlag der Trauer.
Uns trennen wenige Straßen in der Stadt –
Minuten nur, und du stehst vor meiner Tür.
Sind es Ängste, im Labyrinth verirrt,
Schicksalsfäden nicht entwirrt?

Indigo-Liebe

MEIN TAUCHER

Nimm mich mit auf dein Riff.
Siehst auch du die Wrackteile
verschollener Schiffe?
Abgelegte Zeiten berühren uns
im Herzschlag des Lebens.
Warst du mein Sohn,
Geliebter oder Seelenverwandter?
Alles Fragen der Sehnsucht
nach Geborgenheit in uns.

URTIEFEN

Auch du lässt dich immer wieder
in Urtiefen hinab,
in Höhlen und Schächte, –
weiß ich dich doch
auf dem Weg
zum inneren Licht.
Begegnest du da unten
der dunklen Macht,
den Schätzen der Nacht?
Dionysischer Freund,
teile die Früchte
der Tiefe mit mir,
verknüpfe unser Band
zum Tag!

VERKNÜPFT

Wer schaut schon in meinen Kopf,
blickt mir mitten ins Herz,
betrachtet meine Füße?
Verzehr mich nach der
Leidenschaft der Worte,
verstrickt im Netz der Sätze,
verflochten im Muster der Gedanken.
Pflück Blumen im Garten der Gefühle,
schreib die Liebe herbei.
Durch die Lyrik wird sie groß,
wächst über Schwärmereien hinaus,
verknüpft mich mit dem Genius
des Geliebten.

TIEF GEBLICKT

Was machen wir
mit dieser Liebe?
Ich hab dich unendlich
nackt geblickt,
über den Leib hinaus
in unzähligen Verkörperungen.
Längst vergangene Leben
malen Muster, Einblicke,
ornamentenverziert.
Sind wir im Jetzt und
auch fern verwoben,
in Teppichen der Herkunft verknüpft?
Schaue im Augenblick vertraut
dein Spiegelbild im Meer
der Zeiten zittern.

WILDER WASSERMANN

Das Meer tobt
die ganze Nacht
Wellen branden ans Ohr,
mein Schlaf
ist ins Wasser gefallen.
Ich beschwöre das Dunkel,
die Müdigkeit bleibt verschollen.
Ich wälze mich hin und her,
feuchtheiße Hitze
quält mich stundenlang.
Gedanken wandern zu dir,
mein wilder Wassermann.
Bei Wellengang
wogt gewaltig
deine Energie,
ich spür sie bis zum
Herzen schlagen.
Was lebt in deinen Tiefen?
Selbst vor meinem Hafen
machst du nicht Halt,
Gischt spritzt hoch,
Felsen aus Basalt.

INDIGO-LIEBE

Du männliche Monade,
deine Augen sind so klar
und hell wie Bergseen.
Warum schickt dich das Schicksal
immer wieder in diesen
unerforschten Grund?
Was begegnet dir da unten,
in den Katakomben der Angst?
Ist es das Verdrängte,
erforschst du das Abgelegte,
begegnet dir der Doppelgänger,
die Schimäre der Nacht?
Muss dein Ich auf diese Weise erstarken?
Tatsächlich sind Tabus deine Themen,
du Verkünder des Traums – oder Traumas?
Wie Persephone steigst du im Frühling
aus dem Hades auf,
um im Winter wieder
in die Unterwelt abzusinken.
Auch ich muss immer wieder
ins Indigo der Farben eintauchen.
Der Tiefgang bleibt unserer
lichten Seite zugeeignet.

GEHEIME LIEBE

Ich suche dich im
Zwölften Haus,
eile durch alle Kammern.
Im Stillsten hältst du dich versteckt,
hütest geheime Wünsche –
Leidenschaften, wie einen
goldenen Schatz.
Wie kommt man nur
an dich heran,
wo bleibt die zweite Chance?
Schenken wir uns wieder Vertrauen,
und du wirst sehen:
Liebe macht Fehler
ungeschehen!

INS DUNKEL GEPRESST

Hoffnung lächelt in die Luft –
Sind Engel da, uns zärtlich zu empfangen,
oder gähnt der Abgrund zwischen dir und mir?
Wer nimmt das Indigo freiwillig an,
wenn es uns ins Dunkel presst,
im Licht entlässt?

DEINE SEELENFARBEN

Du berührst mich
im Herzen, geliebter Freund.
Ich hab dir tief in die Augen geschaut,
deine Seelenfarben leuchten.
Licht und Dunkel zusammen
bilden die Zulassung, Wege der
Selbsterfassung.

FELDZUG DER GEFÜHLE

Lebensrätsel, im Rückzug durchlittenes Jetzt.
So verletzlich wohnst du im Zwölften Haus,
waffenloser Feldzug der Gefühle.
Bewusstsein weißt die Seelentiefen,
heilt bewirktes Leid. –
Einsamkeit, entlegene Wege,
stiller Wandlung Innenwelt.

FRAGMENT

Ich mag in deinem Augenblau ertrinken,
in der Berührung bis zum Grund versinken,
der dich und mich entblößt zu höherem Fühlen.
Noch hemmen Blockaden den Verlauf,
verschlossen im Seelenturm
vergrauen alle Farben.
Wasserwall umschließt,
gemeinsam dürfen wir
an Brücken bauen,
auf uns vertrauen.

SONNENLEITER

Archaisch bewegst du meinen Leib
im Rhythmus wogender Wellen,
unerschöpfliches Meer,
deine Früchte nähren
meine Tiefen.
Schwebe losgelöst
im hohen Himmel,
deinem Drängen lass ich freien Lauf,
steige mit dir ins Gold der Sonne auf.

RÜCKZUGSORTE

Kühle im Wasser von Kreta
meine Gefühle,
doch gerade hier
wandern Gedanken zu dir.
Dein nachtblaues Leiden
gräbt sich tief
durch Furchen
meiner Phantasie.
Durchwanderst auch du
Sehnsuchtsorte des Herzens?
Mein Rosa bereitet dir
keine Schmerzen!

PANTHEON DER POESIE

Deine Wogen
branden auf mein Land.
Gischt zwischen
meinen Schenkeln
Schaumkronen perlen
auf der Haut.
Ein Gefühl, emporgehoben zu sein
ins Sonnenreich.
Wonne für Sekunden, Harmonie –
im Pantheon der Poesie.

MINOISCHE LIEBE

Dein Mond steht
im Zeichen Stier,
minoischer Prinz.
Archaisch ertönt dein Brüllen,
bis ins Jetzt betäubt es die Ohren.
Vergoldest mit deinem Sonnenherzen
Paläste der Antike.
Deine Locken leuchten
bis ins Purpur der Morgenröte
über dem kretischen Meer.
Male mit mediterranen Farben
deine Gewänder aus,
sehe deine Schatten im Licht,
erkenne dein Ich im Dunkeln.
Unsere Liebe liegt dazwischen,
jenseits zeremonieller Zentrierung.

NOVEMBERLIEBE

Ich schreibe aus dem All
für dich und die Welt,
deine Spannung
darf sich entladen,
meine Scham
zu Grabe tragen.
Du bist Stellvertreter jener Kraft,
die Wandlungen zur Folge hat.

LIEBESSCHWUR

Sonnenwind um Mitternacht
breitet den Teppich unter dir und mir.
Farbenprächtig vereint
im Höhenflug der Schöpfung schweben.
Diesseits und jenseits des Nebels
empfangen Engel unseren Liebesschwur,
ein Instrument aus Moll und Dur.

LIEBESKUNST

Kunst kommt nicht
allein von Können,
Künden ist ein Teil von ihr.
Sprache der Erde,
Feuer der Tiefe
eruptiver Natur,
Ausformung der Kräfte –
Vereinigung der Körpersäfte.
Gestalten wir von oben,
vertonen das Licht,
weben in tugendhafter Wärme –
Stimmen der Sterne.

LIEBESKRÄFTE

Ich liebe dich
durch alle Formen,
die mein Geist
sich schafft.
Farben färben
die Seele variantenreich,
setzen Muster samtig weich.
Die Freude geht ins Dunkel
und ins Lichte,
Ursprungsgeschichte –
Wann finde ich mein Ziel?
Erprobung der Kräfte,
Erfüllung bricht sich Bahn –
Wir haben das Rechte getan.

FREIZÜGIGE LIEBE?

Sind wir wirklich frei,
wenn wir ungebunden lieben?
Aus himmlischer Harmonie gefallen,
Einzelkämpfer, freizügig handelnd,
können wir über die Natur aufsteigen
und unter sie absinken.
Wir entscheiden selbst!
Ich brauche kein Eheversprechen,
nur eine rettende Hand,
Geborgenheit in deinen Armen –
dann entlässt du mich wieder.
Erprobe mich im freien Flug,
freiheitsliebend sind wir
uns selbst genug.

HEY, ICH KENNE DICH BEREITS AUS DEINEM VORIGEN LEBEN!

Dein Schlüssel passt ins Schloss
meiner Erinnerungen. Zufall oder Schicksal?
Martin und ich waren damals entfernt verwandt,
er kam aus Düsseldorf und ich aus Stuttgart.
Ich war 16, er 19. Eine Teenager-Liebe, zart, voll Poesie und Musik.
Du kamst immer mit der Gitarre geschultert zu uns nach Hause.
Ich fand deine rotblonden Locken, die weiße Haut
mit unzähligen Sommersprossen wunderschön.
Du warst so feinsinnig musikalisch begabt,
hattest deine eigenen Texte vertont
und zur Gitarre gesungen:
Dein Vater war Arzt,
hatte ehrgeizige Pläne,
wollte dich zum Piloten machen.
Du hattest zu all den Ansprüchen keine Lust,
fühltest dich unverstanden und ungeliebt.
Schreiner wolltest du werden
oder „Kapitän der Landstraße“.
Zuletzt hast du mir noch
einen Brief mehr gemalt als geschrieben,
er endete mit den Worten „Sei mir nicht böse!“
Dann folgte die Schreckensnachricht:
Martin ist mit seinem Auto gegen einen Baum gerast
und tödlich verunglückt.

Metall prallt auf Holz –
War das die Botschaft
für eine neue Aufgabe?
Nach über 40 Jahren
habe ich dich wiederentdeckt.
Du kamst wie damals in mein Haus,
bist noch jung, mit einem neuen Namen.
Ich spüre unser Band,
sehe dich im neuen Gewand. –
Alles Zufall? – Du hast „Schicksal“ gesagt!

VERSTECKT

Noch lebst du im Verwunschenen
hinter Wassergräben und Mauern.
Brücken zu dir darf ich selbst erschaffen,
Wege bahnen durchs Rosengestrüpp.
Ich ziehe das Schwert
bei verschlossenen Türen,
eile durch Zimmer und Kammern,
finde dich im Verborgenen,
träumend versteckt,
durch meine Küsse
aufgeweckt.

REINE LIEBE?

Reines Rosa, tiefes Indigo,
wärmendhell und dunkelkühl
komplementäres Gefühl.
Ganzheitlich sehen,
vernünftiges Handeln,
Erfahrungswerte pochen an.
Was darf schon sein,
was nicht sein kann!
Schaffe Räume dazwischen,
wähle künstlerische Mittel,
bette meine Sehnsucht
in die Schrift.
Verzichte,
meditiere im Atelier,
umarme dich weiß
im flirrenden Schnee.

Foto: Michael Rieth

VERO / Veronika Emendörfer

Geboren in Stuttgart, 1976-79 Studium der Aquarellmalerei und Studienkurse für Freies Zeichnen bei Prof. Heribert Losert, private Kunstakademie Wörth/Regensburg. Seit 1979 freischaffende Künstlerin mit zahlreichen Ausstellungen in Galerien und städtischen Museen, Mitglied im Berufsverband Bildender Künstler BBK Frankfurt/Main, Dozentin für eoM® (entwicklungsorientierte Malerei). eoM® hat sich durch ihre langjährige Arbeit als experimentelle Malerin ergeben und ist ein künstlerisches Konzept, das in 4 Schritten die entwicklungsorientierte Malerei beschreibt und in Kursen und Seminaren Anwendung findet. Ihre Schwerpunkte sind Malerei, Lyrik und Metallobjekte. In Darmstadt mit Gemälden, Kalendern und Kunstbüchern vertreten bei Kunsthandlung und Galerie Langheinz. Veröffentlichungen: Der künstlerische Frauenkalender, Kunstbücher, Lyrikbücher (*Farbstücke*/Neuer Kunstverlag, *Engel am Saum der Stille*/ Sprachlichterverlag, *Berühmte Maler* – Redon bis Richter mit Porträts von Ilona Moog/Wolfbachverlag) und Titelbuchgestaltung für diverse Verlage.

www.veronika-emendoerfer.de

Mein besonderer Dank gilt den Lektorinnen Hannah Bauermann und Walli Küssner.

Impressum

Ausflüge ins Herz

ISBN 978-3-948824-04-4

Herausgeber
Atelier für experimentelle
entwicklungsorientierte Malerei eoM
VERO /Veronika Emendörfer
Holzhofallee 24b
64295 Darmstadt
Tel. 06151 13 65 87
info@veronika-emendoerfer.de
www.veronika-emendoerfer.de

Layout
Andrea Gratzl, Mediengestalterin
gratzlandrea@gmail.com

Fotografie
Michael Rieth

Sprachlichter Verlag
Oberstraße 12
64297 Darmstadt
www.sprachlichter.de

Mein Buch „Ausflüge ins Herz“ wurde durch ein Arbeitsstipendium
der Hessischen Kulturstiftung Wiesbaden gefördert.